Tōji

–

Haiku, Haiga, Senryū, Tanka,
und andere Lyrik

冬至

Tōji

–

Haiku, Haiga, Senryū, Tanka und andere Lyrik

Alexander Strestik

2020

Bibliographische Information der Deutschen
Bibliothek: Die Deutsche Bibliothek verzeichnet
diese Publikation in der Deutschen
Nationalbibliographie; detaillierte
bibliographische Daten sind im Internet über
http://dnb.ddb.de abrufbar.

Herstellung und Verlag:
BoD – Books on Demand, Norderstedt
ISBN: 978-3-751-98056-2

In a Station of the Metro
The apparition of these faces in the crowd:
Petals on a wet, black bough.

- - Ezra Pound

Vorwort

Die vorangestellten über 100 Jahre alten Zeilen von Ezra Pound stellen für mich so etwas wie den Ursprung meines lyrischen Werdegangs dar. Als sie mir das erste Mal während meiner Zeit als Schüler begegneten, war sie so anders als meine damalige Vorstellung von Lyrik, die geprägt war von gekreuzten, gepaarten oder umschlossenen Reimen, von Rhythmen betonter und unbetonter Silben.

„Aber doch!" so wurde mir versichert, „auch das ist ein Gedicht." Noch heute erinnere ich mich an meine jugendliche Faszination.

Ich fing an selbst ein paar Gedanken aneinander zu reihen, frei von jeder Konvention und doch inspiriert von dem, was ich aus dem Unterricht mitgenommen hatte. Über das Ende meiner Schulzeit hinaus bis in die erste Hälfte meiner Studienzeit trug ich einen ordentlich gefüllten Hefter mit eigenen Werken zusammen. Nur ganz wenige Personen haben diese teils düstere, im Stil des ‚fin de siècle' und teils sehr persönliche Lyrik je zu Gesicht bekommen. Leider sind die Werke in Laufe meiner ‚wilden Jahre' verloren gegangen und wurden / konnten oder wollten von mir nicht mehr wiederhergestellt werden, waren sie doch ein Produkt ihrer Zeit.

Erst vor wenigen Jahren habe ich wieder begonnen meine Gedanken regelmäßig in Form und zu Papier ... nein diesmal auf Festplatte zu bringen. Recht schnell verfasste ich auch zum Zeitvertreib während meiner rund 90 minütigen Pendler-Zugfahrt an Haiku angelehnte Kurzgedichte. Der relativ kurzen Fahrt und den eingangs zitierten Zeilen ist es zu verdanken, dass ich mich ausführlicher mit dieser Art der Poesie befasst habe.

Teils aufgrund des Verlustes meiner ersten Werke, teils aus dem Wunsch heraus mein Geschriebenes zu teilen, fanden im Spätsommer 2019 die ersten dieser Dreizeiler ihren Weg ins Netz[1] und kurz darauf auch in die Vierteljahresschrift ‚Sommergras' der Deutschen Haiku Gesellschaft[2], bei der ich Mitglied geworden bin.

Mit dem Corona-Lockdown und der plötzlich neu zu verteilenden Zeit, kam dann die Lust und Muße dieses Buch anzugehen. Der Titel ‚Tōji' ist gleich dem Titel eines meiner ersten Forumsbeiträge in der Schreibwerkstatt des Literaturforums. Ursprünglich wollte ich dort Haiku zu Winterthemen sammeln, doch schnell musste ich feststellen, das ein Forum ein eher ungeeignetes Medium für den beabsichtigten Zweck ist, so sind meine Aktivitäten auf dieser Webseite schnell wieder eingefroren. In diesem Buch habe ich nunmehr die Tōji

---

1   https://www.literaturforum.de/
2   https://haiku.de/

Reihe vervollständigt und den Kreis mit Haiku zu den anderen Jahreszeiten geschlossen. Einige der Haiku habe ich mit Bildern bzw. Grafiken zu Haiga ergänzt und erweitert.

Sehr wohl sei an dieser Stelle angemerkt, dass es sich bei einem Großteil der Gedichte nicht um Haiku im traditionellem Sinne handelt, auch wenn sie einer Jahreszeit zugeordnet sind. Vielleicht kann man einige Werke der Senryū-Dichtung zuordnen. Doch auch dieser Charakterisierung werden einige der Gedichte nicht gerecht. Vielmehr handelt es sich um persönliche Experimente, mich der Form und den Elementen der japanischen Kunst anzunähern, diese anzunehmen und mit vielleicht Neuem zu füllen. So beginnt die Reise in vertrauten Gefilden – etwa Momentaufnahmen aus der Natur in den verschiedenen Jahreszeiten – hin zu etwas vielleicht Unerwartetem, zu etwas Anderem – sei es inhaltlicher als auch technischer Natur.

Komplettiert wird das Buch mit Übersetzungen, Tanka und mit nicht an die japanischen Dichtkunst angelehnter Lyrik.

Ich wünsche Ihnen viel Freude beim Lesen und Sinnieren.

Ihr Alexander Strestik

内
容 ## Inhaltsverzeichnis
物

tōji

Wintersonnenwende

Wintersonnenwende:
des Kreises Ende ist
ein neuer Anfang

ein Eichhörnchen sucht
den rettenden Schatz; Unruhe
trieb mich in den Wald.

in die kalte Nacht
der Winterwind Wolken bringt:
das weiße Tuch lähmt

graue Welt in Kälte erstarrt.
aber: Die Pfandflasche gehört
daneben!

in Straßenschluchten
abendliches Schneegestöber;
Gold in Aiges Schatz

Glatteiswarnung
rohe Eier auf der Straße
wieder zu spät

Feuerblumen tanzen hoch und laut:
doch Rad und Mühlstein feiern nicht

Spuren im Neuschnee
aus dem Nichts ins Nirgends:
wer und wo bist Du?

Wintersonne am
pastellenen Horizont;
Sehnsucht nach Ruhe

Eiszapfen glitzern
im Sonnenlicht: die Schönheit
schmilzt in ihrem Glanz

Schneematsch am Wegrand:
gestern weiß, morgen geschmolzen
ich bin Dein Zeuge

Scheibenwischer
jagen den Schneeregen: der Weg
verschwimmt in der Nacht

das Licht der Sophía fahl;
im Fenster zur Seele
Eisblumen blühen

sakura

Kirschblüte

der Kirschblüten seidener Glanz
der Mädchen Herzen Begehr

Viola's Kronblätter:
Anmut, Weiblichkeit, Treue,
Liebe und Hoffnung

unter einem Dach
aus tausenden Kirschblüten:
wage ich ein Kuss

Weidenkätzchen weiß,
der Hoffnung unschuldige
Wiedergeburt

Osterglocken;
am Spielplatz wachen Mamas über
tobende Kinder

Vogelgezwitscher,
die Symphonie der Liebe;
doch wo bist Du nur?

Tanz in den Mai
Arm in Arm, Hand in Hand dreht
sich die Welt um uns

eine Kohlmeise
auf dem Gartenzaun; ein
unerwarteter Gast

Aprilwetter im Mai,
farbenfroh und leicht gekleidet
vom Regen: überrascht?

Morgentau glitzert
hell im Frühlingslicht: Keine
Tränen mehr für dich

Blütenblätter fallen;
die Schönheit zart, begehrt und
doch so vergänglich

Gartenarbeit;
Mutter Natur sagen
wie was seien soll

Fridays for Future
die kalte Sophie im T-Shirt
schwitzt

夏祭り

natsu matsuri

Mittsommerfest

Mittsommerfest
im Schein der Flammen tanzen
meine Gedanken

die Sommerhitze
lädt die Atmosphäre auf;
Abendgewitter

Flimmern über dem Asphalt:
unerträglicher Stillstand
jetzt Normalität

Sommerferien
mit den Kindern ans Meer
LSF 50

Grillen zirpen laut;
auf der Zeltwand ein Geist im
Taschenlampenlicht

Perseidenregen:
zurück ist die kindliche
Faszination

Ferien, Zeit nehmen,
Entspannung, Erholung im
Transit gestrandet

Koffer sind gepackt
Reisedokumente check
irgendwas fehlt

Meeresrauschen
unterm Sonnenschirm am Strand
baumelt die Seele

eine Schlange kriecht
vor mir langsam vor sich her
 - zur Eisdiele hin

Abkühlung springt mir
aus dem Kühlregal entgegen
ich verweile

Hawaiihemden
verstecken meine Schweißflecken
meine Laune aber nicht

zwischen Urlaub und
Schulbeginn - Noch Ferien?
oder schon Alltag?

秋の嵐

aki no arashi

Herbststurm

Herbststurm raubt Bäumen
das welke Kleid; Schutz find'
ich in Deinem Schoß

starker Küstenwind
bringt Veränderung gewiss;
Liebe gibt uns Halt.

kalter Regen schlägt
laut gegen das Fenster;
ein Kapitel noch

Altweibersommer;
Sonne auf Vorrat tanken -
bald schließt sich der Kreis

Kastanienflut:
eine Kinderschar sammelt
das begehrte Gut

Wind und Nieselregen:
es gibt kein schlechtes Wetter,
nur falsche Kleidung

Zeitumstellung
die gewonnene Stunde
verschlafen

rotgoldenes Laub
in den Baumkronen lodert:
Arm in Arm wir geh'n

Abnoba legt ihr Gewand ab und bereitet sich zur Ruh'

die müde Sonne
wirft lange Schatten des
nahenden Endes

Kopfsteinpflaster
und nasses Laub; kalte Morgenluft
schärft die Sinne

Wildwechsel
Rehkitz im Scheinwerferlicht erstarrt
unausweichlich

ein verwelktes Blatt,
seinen Zweck erfüllt: abgestoßen!
Ruhestand

tsuneni

Jederzeit

Morgenrot; im Kampf
gegen die Nüchternheit der
Träume vergossen Blut

Nebel hängt im Wald
der aufgesetzten Masken;
Ç'est terrible, la solitude!

die Hässlichkeit wohnt im Dunkeln
hinter zurückgeworfenem Licht

FLUVIUS·QUIDEM·EORUM
QUAE·FIUNT·ET·RAPIDUS
TORRENS·EST·AEVUM [3]

———— ∞ ————

die Zeit ist ein Fluss,
ein ungestümer Strom,
der alles fortreißt [3]

———— ∞ ————

morsche Bank im Wald
trägt noch immer unsere
Initialen

---

3   Zitat Marcus Aurelius (121 - 180), Meditationes,
    Buch IV, XLIII

im Morgennebel
gehüllt mahnt die Burgruine:
Verfall ist sicher

zwei schwarze Raben
in lichter Baumkrone:
"Yggdrasil verdirbt!"

flackernde Flamme
verzehrend heiß und doch so
schwach und verletzlich

———— ∞ ————

unaufhaltsam nagt
die Flut an dem Übergang
zum Ungewissen

———— ∞ ————

vom Luxus sich die
Zeit zu nehmen die Uhr
per Hand aufzuziehen

vorsichtig nähert
sich die Taube den Brotkrümeln,
mein Zug fährt ein

———— ∞ ————

langsam fährt der
Bahnhof aus meinem Fenster
noch fünf Stationen

———— ∞ ————

Re, keine 90,
Farben abgestochen,
Fuchsjagd: verloren

das Verhältnis
des Umfangs zum Durchmesser:
irrational

———— ∞ ————

eins, eins, zwei, drei, fünf,
acht, dreizehn, einundzwanzig
in siebzehn Silben

———— ∞ ————

die Unsterbliche;
Dame droht, der Springer nimmt
Läufer e7 matt [4]

---

4   diese Partie ist auch in einem Tanka thematisiert

die Kaffeetasse,
verflixtes Ding: entweder
Kaffee kalt oder leer

———— ∞ ————

Tränen zerschellen
laut auf dem gebrochenen
Dornenzweig im Staub

———— ∞ ————

Klimaanlage
raubt brummend den Schlaf, kalte
Dusche in der Nacht

klares Wasser
benetzt die trockenen Lippen
so schmeckt das Leben

———— ∞ ————

fuffzich Pfennige
für ne Mark, was gehen Dich
meine Geschäfte an

———— ∞ ————

frisch rasiertes Kinn
unter den Fingerkuppen
tschüss, bis morgen

Sandburgen am Strand
werden unweigerlich vom
Meer geschliffen

———— ∞ ————

horch! im Dünengras
flüstert der Wind die Namen
der Vergessenen

———— ∞ ————

dem lila Dunst
entsprungene Vision voll
Liebe und Frieden

von
Schlagzeugsalven
getriebene
Gitarre
heult
und
klagt
vom Krieg

naraku no soko

Abyssus

Nächte durch gezockt:
blau flackernd raubt der Bildschirm
Zeit und Phantasie

Blaulicht spiegelt sich
auf nassem Asphalt: der Tod
geht den Helfern nah

Hund jagt Schneeflocken:
unter der Brücke liegt ein
Schlafsack auf Pappe

rote Nelken welk:
der Reichen Habgier Schuld
an Aller Untergang

Hund auf der Krawatte,
Gift ins Mikrofon gespuckt:
Der Abgrund ist nah

der Kunde ist König
heißt es: Erkläre das
einer der Agentur

„Die Politik darf
die Märkte nicht verschrecken" -
wer regiert hier wen?

modernde Schulen überall -
die Demokratie bedarf
mündiger Bürger

Bequemlichkeit im
Austausch für unsere Daten
click here for slavery

death by despair
im Land der Freien und Tapferen
eine Statistik

panem et circenses
Discounter und Reality TV
Massenkontrolle

erhebt Ihr Glauben
über Wissen dann holt Ihr die
Hölle auf Erden

immer mehr haben
und nichts gönnen - die roten
Fahnen zerrissen

exklusives Wissen
ist Macht, Transparenz ist der
Feind des Status-Quo

roken is dodelijk
der Irrglaube man selbst sei die
Ausnahme der Regel

shin no honshitsu

wahrhaftige Essenz

meine Gedanken
verfangen in Deinen
roten Locken

———— NAY ————

jede Nacht kommst Du
in meinen Träumen zu mir
Du fehlst mir so

———— NAY ————

fool for your stockings
endlos lange Beine enden
unterm Minirock

Entdeckungsreise:
neugierige Hände auf
kurvenreicher Fahrt

———— ⚡ ————

Funkenschlag
jede Berührung Deiner Haut
elektrisiert

———— ⚡ ————

unter meiner Hand
zart rosa aufgerichtet
Zeichen Deiner Lust

dichter Wald so schwarz
auf seichtem Hügel so weiß
wallendes Blut rot

———— ⚡ ————

Deiner Blume Duft
lockte mich an, nun klebe
an Deinem Nektar

———— ⚡ ————

die kleine Ewigkeit
der Augenblick bevor das
Schwert den Schild zerbricht

71

auf dem Höhepunkt
fällst Du lustverzehrt in mich hinein
endlich eins

———— ⚡ ————

erlöste Körper
ineinander verknotet;
la petite mort

———— ⚡ ————

in meinem Arm
schläft Dein friedliches Gesicht
ich atme Deinen Duft

l'origin du monde
erschöpft bette ich mich
in Deinem Schoß

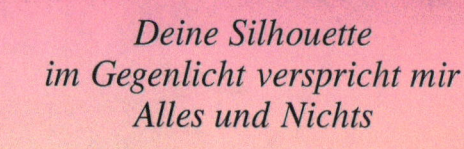

Deine Silhouette
im Gegenlicht verspricht mir
Alles und Nichts

unersättliche
Begierde gebar der Glanz
deiner Weiblichkeit

———— ⚥ ————

fordernde Küsse,
zerrissene Kleidung,
nimm Dir was Du brauchst

———— ⚥ ————

in aufgewühlten Laken
schläfst Du. Nur Du, meine Wollust!
Abschied

Tränen bitten,
flehen und betteln mich an
Dich doch zu lieben

———— ⚡ ————

ich verführte Dich,
nahm Dich, zerbrach Dich und Du?
glaubst an die Liebe

———— ⚡ ————

lautloser Schatten
schleicht davon: nicht einmal
ein one night stand

auf leerem Papier
Deine Lippen - die Kreide
findet den Schwung nicht

———— ⚡ ————

Größere gar
Schönere erreichen Dich nicht,
meine Königin [5]

———— ⚡ ————

trauere mir nicht nach,
denke in Liebe zurück,
jetzt wo Du frei bist

---

5   In Anlehnung an „La reina" aus „Los versos del
    capitán" von Pablo Neruda, 1952

Tricolore
bleu weiß red

Monde gris
/ Grey world
/ Graue Welt

Anfangs war ich mir nicht sicher, ob dieses Gedicht ohne Weiteres in eine andere Sprache übertragen werden kann, da mir unklar war, ob es im frankophonen und anglophonen Raum auch das Phänomen der Pfandsammler gibt. Tatsächlich aber habe ich nach zugegebenermaßen viel zu kurzer Recherche schnell aufgegeben, der Sache weiter auf den Grund zu gehen. Zu sehr reizte mich dann doch das Spiel mit den Sprachen.

monde gris figé dans le froid.
mais: les bouteilles de remboursement
appartiennent à côté!

grey world frozen in cold.
but: refund-bottles belong aside!

graue Welt in Kälte erstarrt.
aber: Die Pfandflasche gehört daneben!

Morgenrot
/ Le rouge de l'aube
/ The Red of Dawn

Dieses Haiku stellt meinen allerersten Versuch dar, eines meiner Gedichte zu übersetzen.

Morgenrot; im Kampf
gegen die Nüchternheit der
Träume vergossen Blut

le rouge de l'aube:
dans la lutte contre la sobriété
sang des rêves répandu

the red of dawn; spilled blood
in the dreams' fight
against sobriety

Sophía's light
/ Das Licht der Sophía
/ L'éclat de Sophía

Um einer Einleitung zu diesem Haiku zu entgehen, erkläre ich, dass dieses Gedicht keiner Einleitung bedarf.

Sophía's light pale;
in the window to the soul
ice flowers bloom

das Licht der Sophía fahl;
im Fenster zur Seele
Eisblumen blühen

l'éclat de Sophía est pâle;
dans la fenêtre de l'âme
fleurs de givre fleurissent

Feuillage doré rouge
/ Red golden foliage
/ Rotgoldenes Laub

Das erste Haiku das mit einem Bild versehen als Haiga Einzug in die 秋の嵐 Reihe erhalten hat.

feuillage doré rouge
flamboie dans les cimes des arbres:
bras dessus nous allons

red golden foliage
blazes in the treetops:
Arm in arm we go

rotgoldenes Laub
in den Baumkronen lodert:
Arm in Arm wir geh'n

Die Unsterbliche Partie
/ The Immortal Game
/ La Partie Immortelle

Am 21. Juni 1851 traten Adolf Anderssen und Lionel Kieseritzky im Café Simpson in London im Schach gegeneinander an, dieses Spiel ging als die Unsterbliche Partie in die Schachgeschichte ein. Anderssen opferte, nachdem er bereits einen Läufer und beide Türme abgegeben hatte, im vorletzten Zug seine Dame, um mit den verbliebenen leichten Figuren Kieseritzky matt zu setzen.

die Unsterbliche;
Dame droht, der Springer nimmt
Läufer e7 matt

partie immortelle;
dame menace, le chevalier capture
fou e7 mat

immortal game;
queen threatens, knight takes
bishop e7 mate

短歌

tanka

stolzer, weißer Schwan
gleitet lautlos übers Wasser,
seiner selbst bewusst

straft er Beobachter mit
kalter Missachtung

———— 🖋 ————

das Blatt ins Wasser gesenkt,
schiebt sich das Boot mit
stetem Riemenzug vorwärts.

Ruhe in der Bewegung
ist das eigentliche Ziel

smaragdgrün leuchtend
brennen sich Deine Augen
in meine Seele

feuerrotes Haar zündelt
an meinem Verstand

———— 🖋 ————

das Tal zwischen den
weißen Hügeln führt hinab
zum Nabel der Welt

nicht mehr weit von dort zum Kelch,
der meinen Durst stillen wird

Deinen Augen und
Deinem Lächeln verfallen
verzehre ich mich

nach Anzeichen die mich auf
Zuneigung hoffen lassen

seinen Weg durch den
Raum malt ein Sonnenstrahl in
die trockene Luft

das Licht meidend suche ich
meinen verlorenen Traum

Insomnia,
übermannende Müdigkeit
raubt Sinn und Verstand

führerlos treibt mein Boot in
einen quälenden Albtraum ab

———— ✐ ————

kann denn ein Subjekt
die objektive Wahrheit
als diese erkennen

oder ist Wahrheit nur eine
persönliche Empfindung

Damenopfer
Df3-f6+
Springer g8 nimmt

Ld6-e7#
die Unsterbliche

Erster Mai: Demo!
Kapitalismuskritik
Eine Flasche fliegt

Gewaltmonopol des Staats -
Schwarzer Block eingekesselt

93

Blumensträuße
mit Genesungswünschen
vor weißer Wand

an das Bett gefesselt
warten auf Besuch

———— ✒ ————

was ist geblieben
von Träumen und Zielen
wo ist hier und jetzt

der Weg beschreibt nur was war
entscheidend ist die Richtung

all der Schein und Glanz
können sie nicht verbergen:
des Monsters Fratze

die Habgier der Wenigen
reißt Gaia das Fleisch vom Leib

———— ✒ ————

"Überzeugen müssen
wir sie, damit sie mit
uns in den Kampf reiten"

sprach Kassandra zu ihrem
einzigen Freund Don Quixote

Gedichte

Warum nur?

Schweigend blickst Du mich an,
mit einem angedeuteten Lächeln
und strahlenden Augen.
So schön! Warum nur?

Studierst Du mich?
Werde ich vermessen?
Was willst Du von mir wissen?
Was soll ich Dir nur sagen?

Ich sehne mich nach Deiner Berührung,
deiner Umarmung, deinen Küssen.
Es verlangt mir nach Dir, ich verlange nach Dir.
So schön! Warum nur?

Ich muss was sagen,
ich halte deinem Blick nicht stand.
Was soll ich nur sagen,
muss ich was sagen?

Warum nur, kann ich nicht glauben,
dass sich hinter deinem Blick
keine Intention verbirgt?
Nichts passiert ohne Grund.

Du sagst Du liebst mich.
Warum nur, glaube ich dir nicht?
Liebe ich Dich? Ich will Dich!
Warum nur, will ich dich so sehr?

Aber Du! Du redest von Liebe,
Siehst Du nicht, was ich bin?
Dass ich nur nehme und nicht geben kann.
Du sagst Du liebst mich.

Doch in Wahrheit willst Du doch was,
Du willst mich, Du benutzt mich.
Warum nur redest Du von Liebe?
Schweig!

Ignorance is bliss

Ignorance is bliss
Das Schaf muss nicht wissen,
*   dass es ein Schaf ist.*
Solang die Weide grün und
*   das Gras saftig ist.*

Ignorance is bliss
Das Schaf muss nicht wissen,
*   dass der, der es behütet,*
*   eigentlich vom Wolf abstammt,*
*   dass sein Instinkt ihm sagt,*
*   er soll mich reissen.*

Ignorance is bliss
Das Schaf muss nicht wissen,
  dass der, der es behütet,
  seine Anweisung von jemand bekommt,
  der mir an die Wolle will,
  von jemandem, der bestimmt,
  wann ich geschlachtet werde.

Ignorance is bliss
Sie wissen alles über Dich,
  wann Du wo gewesen und warum,
  wer Deine Freunde, was Dein Interesse,
  was Dein Besitz und was Dein Wunsch
  und Traum. Sie sagen Dir,
  was Du willst, wovor Du Angst
  haben sollst und warum,
  sie unterhalten Dich und
  füttern Dich. Sie geben Dir was
  Du brauchst und nehmen Dir
  was Du bist, sie machen Dich
  zu ihrem Schaf.

Ignorance is bliss
Solang meine Weide grün und
  das Gras saftig ist.

———— ✒ ————

Ignorance is bliss

Ignorance is bliss
The sheep does not need to know
*   it is a sheep.*
As long as the pasture is green and
*   the grass is lush.*

Ignorance is bliss
The sheep does not need to know,
*   that he, who shepherds it,*
*   is a descendant of wolf,*
*   that his instincts tells him*
*   to slay me.*

Ignorance is bliss
The sheep does not need to know,
*   that he, who shepherds it,*
*   receives his instructions from someone*
*   who is after my wool,*
*   from someone who decides*
*   when I will be slaughtered.*

Ignorance is bliss
They know everything about you,
*   when you have been where, and why,*
*   who your friends, what your interest,*
*   what your possessions, what your wishes*
*   and dreams. They tell you what to want,*
*   and what to fear and why,*
*   they entertain you and feed you,*
*   they give to you what you need and take*
*   away what you are, they make you*
*   their sheep.*

Ignorance is bliss
As long as my pasture is green and
the grass is lush.

───── ✒ ─────

Verkaufter Traum

Unfassbarer Überfluss,
Marmor und Stahl,
gläserne Fassaden die
in den Himmel reichen,
unerahnte Möglichkeiten,
technischer Fortschritt,
Informationsüberangebot,
das Wissen der Menschheit,
medizinische Wunder,
argentinisches Steak,
heute hier morgen da, absolute Freiheit.
Vorgegaukelt, in Wirklichkeit ein für die Mehrheit
unerreichbarer und konsumierter Traum.
Mit Mindestlohn zum Discounter,
Mietskasernen aus Beton
am Stadtrand,
Verbraucherkredit,
Unterhaltungselektronik,
Internetporno, Reality-TV,
Kassenpatient ohne Zuzahlung,
Formfleisch, einmal im Jahr auf
Malle.

I/O Error

Absolute Dunkelheit
die Suche nach
einem Anhaltspunkt:
Nichts, kein Licht,
nur schwarz, keine Reflexionen.
Die Augen schließen sich.
Da kommen sie zurück
die Farben, die Bilder.
Erinnerungen, dazu verdammt
zu verblassen.

Absolute Stille
die Ohren lauschen ins Leere.
Nichts, keine Bewegungen,
kein Rhythmus, kein Echo.
Rezeptoren und Axone
versuchen zu funktionieren.
Monoton pfeifender Tinnitus
gaukelt eine zu verarbeitende
Information vor. Irgendwas.

Helles weißes Licht und
harmonische Resonanz
heißen Willkommen und
geben eine Alternative,
dann wenn er eintritt,
der Input/Output Error.

———— 🖋 ————

Zum Scheitern verdammt

und jeden Tag scheitert der Versuch
ein besserer Mensch zu werden
wenn die Erkenntnis nicht
der erst Schritt ist
dann ist sie die Qual
der Gewissheit, dass auch
morgen der Versuch scheitern wird

jetzt wo der Zyklus erkannt ist,
lass morgen versuchen
diesen Kreislauf zu brechen

ein zum Scheitern
verdammtes Unterfangen

———— *✒* ————

Wozu

es kommt der Tag
an dem Du Dich
ein letztes Mal fragst
wozu all das?

und ich werde mir sagen:
wenigsten habe
ich Dich geliebt

Anhang

Bilderverzeichnis

Quellen- und Lizenzangaben für alle im Buch verwendeten Abbildungen

Seite 11: **„Abstract Tree Silhouette"** - SVG von OpenClipart
lizenziert unter der Creative-Commons-Lizenz
CC0 1.0 Universal (CC0 1.0), URL der Lizenz:
https://creativecommons.org/publicdomain/zero/1.0/
URL der Quelldatei:
https://freesvg.org/abstract-tree-silhouette

Seite 17: **„Hanabi"** - editierter Fotoauschnitt
Alexander Strestik, 2020
basierend auf einem Foto von Trung Nguyen
lizenziert unter der pexels Lizenz, URL der Lizenz:
https://www.pexels.com/de-de/lizenz/
URL der Quelldatei:
https://www.pexels.com/photo/fireworks-display-1268667/

Seite 23: **„Sakura"** - Computergrafik
Alexander Strestik, 2020
basierend auf einem Foto von KENPEI,
lizenziert unter der Creative-Commons-Lizenz
CC BY-SA 3.0, URL der Lizenz:
https://creativecommons.org/licenses/by-sa/3.0/
URL der Quelldatei:
https://commons.wikimedia.org/wiki/File:
Prunus_jamasakura1.jpg

Seite 24: **„Viola"** - Computergrafik
Alexander Strestik, 2020
basierend auf einem Foto von Franz Xaver,
lizenziert unter der Creative-Commons-Lizenz
CC BY-SA 3.0, URL der Lizenz:
https://creativecommons.org/licenses/by-sa/3.0/
URL der Quelldatei:
https://commons.wikimedia.org/wiki/File:
Viola_aethnensis_messanensis_2.jpg

Seite 33: „**Check**" - editierter Fotoauschnitt
Alexander Strestik, 2020
basierend auf einem Foto von Gustavo Fring, 2020
lizenziert unter der pexels Lizenz
URL der Lizenz:
https://www.pexels.com/de-de/lizenz/
URL der Quelldatei:
https://www.pexels.com/photo/anxious-young-
lady-with-tickets-and-passport-on-red-background-
4127635/

Seite 34: „**Meeresrauschen**" - Foto
Quang Nguyen Vinh, 2019
lizenziert unter der pexels Lizenz
URL der Lizenz:
https://www.pexels.com/de-de/lizenz/
URL der Quelldatei:
https://www.pexels.com/de-de/foto/strand-ferien-
sand-ozean-3355732/

Seite 41: „**Indian Summer**" - editierter Fotoauschnitt,
Alexander Strestik, 2020
basierend auf einem Foto von Gerd Eichmann,
lizenziert unter der Creative-Commons-Lizenz
CC BY-SA 4.0
URL der Lizenz:
https://creativecommons.org/licenses/by-sa/4.0/
URL der Quelldatei:
https://commons.wikimedia.org/wiki/File:
Baden-Baden-Lichtentaler_Allee-374-
Telefonat_im_Herbst-2011-gje.jpg

Seite 42: „**Abnoba**" - editierter Fotoauschnitt,
Alexander Strestik, 2020
basierend auf einem Foto von Reinhold Möller, 2015
lizenziert unter der Creative-Commons-Lizenz
CC BY-SA 4.0, URL der Lizenz:
https://creativecommons.org/licenses/by-sa/4.0/
URL der Quelldatei:
https://commons.wikimedia.org/wiki/File:
Bruderwald-Herbst-026375.jpg

Seite 49: **"Ruin"** - editierter Fotoauschnitt
Alexander Strestik, 2020
basierend auf einem Foto von Phil, 2019
lizenziert unter der pexels Lizenz
URL der Lizenz:
https://www.pexels.com/de-de/lizenz/
URL der Quelldatei:
https://www.pexels.com/photo/black-concrete-building-2416463/

Seite 50: **"Yggdrasil"** - Computergrafik
Alexander Strestik, 2020

Seite 57: **"Jimi"** - Computergrafik
Alexander Strestik, 2020
basierend auf einem Foto von
unbekannt, 1967
Lizenz: Schwedische Public Domain
URL der Quelldatei:
https://commons.wikimedia.org/wiki/
File:Jimi_Hendrix_1967_uncropped.jpg

Seite 73: **"Jo"** - Computergrafik
Alexander Strestik, 2020
basierend auf einer Radierung von
James McNeill Whistler, 1861
Modell: Joanna Hiffernan, vermeindliches Modell
des Gemäldes „L'origin du monde"
von Gustave Courbet, 1865, Lizenz: Public Domain
URL der Quelldatei:
https://commons.wikimedia.org/wiki/
File:Whistler_Jo.jpg

Seite 74: **"Silhouette"** - Foto
Roberto Nickson, 2019
lizenziert unter der pexels Lizenz, URL der Lizenz:
https://www.pexels.com/de-de/lizenz/
URL der Quelldatei:
https://www.pexels.com/photo/silhouette-of-woman-standing-beside-rail-near-outdoor-2417863/

Eingesetzte Software

Für die Erstellung dieses Buches wurde folgende Software eingesetzt:

Textverarbeitung:
Libre Office Writer
Version: 6.0.7.3
https://www.libreoffice.org/

Bildverarbeitung:
GIMP 2.8.22
GNU Image
Manipulation Program
https://www.gimp.org/

Fonts:

FreeSans, FreeSerif
GNU Free Fonts unter GNU GPLv3,
http://www.gnu.org/licenses/gpl.html

Noto CJK JP Sans, Noto CJK JP Serif,
Google Fonts unter SIL Open Font License
https://scripts.sil.org/OFL

衡山毛筆フォント行書
Kouzan Brush Handwriting
https://opentype.jp/kouzangyousho.htm
Lizenz: *commercial use with no restrictions*

無知な羊

むちなひつじ